LITTLE VILLAGE

CADENAS ALIMENTARIAS DE LA COSTA MARINA

John Crossingham y Bobbie Kalman

Crabtree Publishing Company

www.crabtreebooks.com

Creado por Bobbie Kalman

Dedicado por Katherine Kantor
Para Marvin, Nora, Matt y Kim. ¡Son una familia maravillosa!
Gracias por todo su amor, apoyo e inspiración.

Editora en jefe
Bobbie Kalman

Equipo de redacción
John Crossingham
Bobbie Kalman

Editora de contenido
Niki Walker

Editora de proyecto
Kelley MacAulay

Editoras
Molly Aloian
Kathryn Smithyman

Diseño
Katherine Kantor

Diseño de la portada y logotipo de la serie
Samantha Crabtree

Coordinación de producción
Katherine Kantor

Investigación fotográfica
Crystal Foxton

Consultora
Patricia Loesche, Ph.D., Programa sobre el comportamiento de animales, Departamento de Psicología, University of Washington

Consultor lingüístico
Dr. Carlos García, M.D., Maestro bilingüe de Ciencias, Estudios Sociales y Matemáticas

Ilustraciones
Barbara Bedell: páginas 3 (estrella de mar, krill, delfín, vieira, cigala y medusa), 5 (todas excepto el ave a la derecha y la langosta), 9 (chorlito), 14, 16, 25 (centro)
Katherine Kantor: páginas 3 (ave a la derecha, cangrejo, lapas y morsa), 5 (ave a la derecha), 9 (lapa), 10 (peces), 12, 15, 27 (cangrejo)
Margaret Amy Reiach: ilustración del logotipo de la serie, páginas 3 (almejas), 5 (langosta), 9 (sol y planta), 10 (planta y langosta), 11, 25 (inferior), 27 (camarón y algas)
Bonna Rouse: páginas 3 (anguila y ave a la izquierda), 22, 25 (superior)

Fotografías
Kathy Boast, www.kathyboast.com: página 16
© Dwight Kuhn: página 23 (izquierda)
Bobbie Kalman: página 5
Minden Pictures: Fred Bavendam: página 18
© Sue Daly/naturepl.com: página 20 (superior)
Photo Researchers, Inc.: Bill Bachman: página 29; S. Fraser: página 28
Visuals Unlimited: Ken Lucas: página 6
Otras imágenes de Corel, Digital Stock y Digital Vision

Traducción
Servicios de traducción al español y de composición de textos suministrados por translations.com

---

Crabtree Publishing Company

www.crabtreebooks.com 1-800-387-7650

Library of Congress Cataloging-in-Publication Data
Crossingham, John, 1974-
[Seashore food chains. Spanish]
Cadenas alimentarias de la costa marina / written by John Crossingham and Bobbie Kalman.
p. cm. -- (Serie Cadenas alimentarias)
Includes index.
ISBN-13: 978-0-7787-8531-6 (rlb)
ISBN-10: 0-7787-8531-9 (rlb)
ISBN-13: 978-0-7787-8547-7 (pbk)
ISBN-10: 0-7787-8547-5 (pbk)
1. Seashore ecology--Juvenile literature. 2. Food chains (Ecology)--Juvenile literature. I. Kalman, Bobbie, 1947- II. Title. III. Series.
QH541.5.S35C7618 2007
577.69'916--dc22

2005036518
LC

Publicado en los Estados Unidos
PMB16A
350 Fifth Ave.
Suite 3308
New York, NY
10118

Publicado en Canadá
616 Welland Ave.,
St. Catharines, Ontario
Canadá
L2M 5V6

Publicado en el Reino Unido
White Cross Mills
High Town, Lancaster
LA1 4XS
Reino Unido

Publicado en Australia
386 Mt. Alexander Rd.,
Ascot Vale (Melbourne)
VIC 3032

Contenido

¿Qué son las costas marinas? 4

Mareas y charcos de marea 6

¿Qué son las cadenas alimentarias? 8

Los tres niveles 10

Alimento del sol 12

Plantas y algas 14

Herbívoros de la costa marina 16

Carnívoros en la costa 18

Muchas formas de cazar 20

Comer de todo 22

Cuadrillas de limpieza 24

Cadenas alimentarias 26

Peligros para las costas marinas 28

Salvemos las costas 30

Glosario e índice 32

¿Qué son las costas marinas?

Las **costas marinas** son zonas donde grandes masas de agua, como mares u océanos, se encuentran con la tierra. El agua de la costa es salada.

Muchos tipos

Hay muchos tipos de costas marinas. Las playas arenosas y las costas rocosas son sólo dos de ellos. Algunas costas están en lugares donde el clima es cálido o frío todo el año. Otras están en lugares donde el clima cambia con las estaciones.

Costas templadas

Las costas **templadas** están en lugares donde el verano es cálido y el invierno es frío. Este libro es acerca de las costas rocosas templadas.

Mucha vida

Las costas rocosas son el hogar de una gran variedad de plantas y animales. Muchos son acuáticos, es decir, viven en el agua. Algunos animales, como este león marino, pueden vivir tanto dentro como fuera del agua.

A lo largo de las costas rocosas se pueden encontrar muchos tipos de animales y plantas. Algunos viven en el agua y otros en la costa. Además, todo tipo de aves encuentra alimento en las costas.

Mareas y charcos de marea

Una costa marina tiene dos mareas altas y dos mareas bajas todos los días. Esta fotografía muestra una costa con marea alta. La mayor parte de la costa está cubierta de agua.

Las costas marinas tienen mareas. Las **mareas** son el ascenso y descenso del nivel del agua a lo largo de la costa. Cada costa tiene **mareas altas** y **mareas bajas**. La marea cambia cuatro veces al día. Las plantas y animales que viven en las costas rocosas deben acostumbrarse a estos cambios para sobrevivir.

Ésta es una fotografía de la misma costa con marea baja. La mayor parte de la costa ya no está bajo el agua. Está ***expuesta****, o abierta, al aire.*

Zonas de las costas

Una costa tiene cuatro zonas: la **zona de salpicadura**, la **zona superior**, la **zona media** y la **zona baja**. Distintas plantas y animales viven en cada zona. Las plantas y los animales de las zonas más altas quedan expuestos al aire más a menudo que los que están en las zonas más bajas.

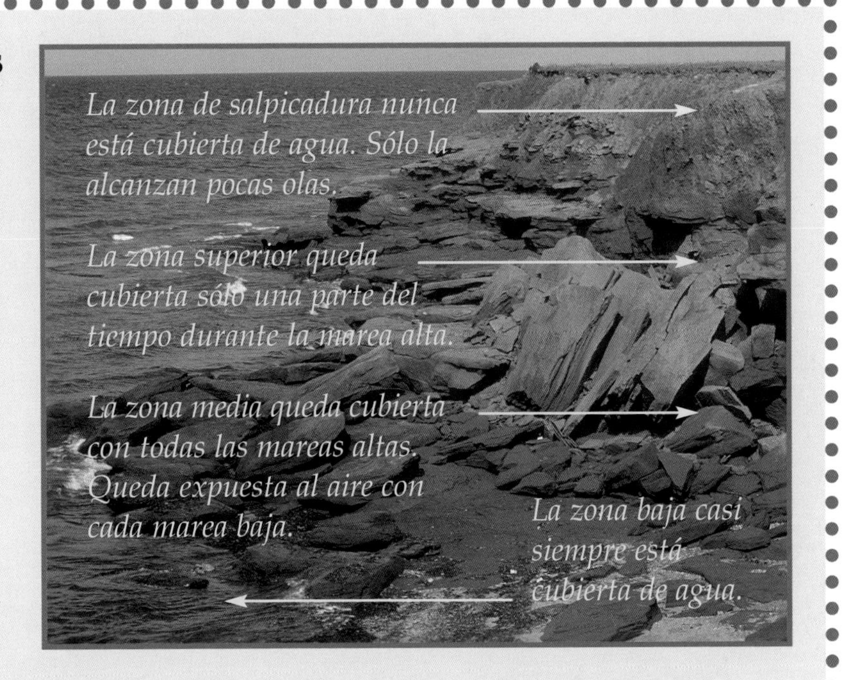

Charcos de marea

Cuando la marea alta se convierte en marea baja, el agua se aleja de la costa. A medida que vuelve al mar, parte del agua queda atrapada entre las rocas. Esta agua forma pequeños **charcos de marea**. En ellos suelen quedar animales atrapados. Los charcos permiten a los animales permanecer bajo el agua durante la marea baja, hasta que vuelve la marea alta.

Los charcos de marea pueden ser pequeños, pero albergan mucha vida vegetal y animal.

¿Qué son las cadenas alimentarias?

Las plantas y los animales son seres vivos. Para sobrevivir, necesitan luz del sol, agua y alimento. El alimento les provee **nutrientes**. Los nutrientes les permiten a los seres vivos estar sanos. El alimento también da **energía**. La energía les da a los seres vivos la fuerza para hacer cosas. Gracias a ella, las plantas y los animales crecen. Los animales también usan la energía para respirar, moverse y encontrar alimento.

Este pez se alimenta de un erizo de mar para obtener los nutrientes y la energía que necesita.

La energía del sol

Las plantas no necesitan comer para obtener energía y nutrientes. ¡Producen su propio alimento! Usan la energía del sol para **producir**, o hacer, su alimento.

Los alimentos dan energía

Los animales no pueden producir alimento. Para obtener energía y nutrientes, deben comer. Distintos animales comen diversos tipos de alimentos. Algunos comen plantas y otros se comen a los animales que comen plantas. Algunos comen tanto plantas como animales. Este modelo de comer y ser comido se llama **cadena alimentaria**. Todos los seres vivos de una cadena alimentaria están conectados. A la derecha se muestra un ejemplo de una cadena alimentaria de la costa marina.

Todo comienza con el sol

sol

Todas las cadenas alimentarias comienzan con el sol. Las plantas atrapan la energía del sol y la usan para producir alimento. Usan parte de la energía y almacenan el resto.

plantas

lapa

Cuando un animal, como una lapa, come plantas, obtiene parte de la energía que estaba almacenada en ellas. La lapa obtiene menos energía del sol que la que recibieron las plantas.

chorlito

Cuando un chorlito se come la lapa, obtiene parte de la energía que estaba almacenada en la lapa. El chorlito obtiene menos energía del sol que la que recibió la lapa.

Los tres niveles

Todas las cadenas alimentarias tienen tres niveles. El primer nivel está formado por las plantas. Los animales que comen plantas pertenecen al segundo nivel. El tercer nivel está formado por animales que comen otros animales.

Producir alimento

Las plantas son **productores primarios**. Son los seres vivos **primarios**, o primeros, de una cadena alimentaria. Las hierbas marinas son las únicas plantas verdaderas del océano. Las plantas verdaderas tienen tallo, raíces y hojas. Las algas marinas y otras "plantas" del océano en realidad son **algas**. Las algas no son plantas verdaderas. Usan la energía del sol para producir su propio alimento, por lo que suelen ser llamadas "plantas". En este libro, la palabra "plantas" se refiere tanto a hierbas como a algas marinas.

Comer plantas

Los **herbívoros** son animales que comen plantas. Son los **consumidores primarios**, es decir, los primeros seres vivos de una cadena alimentaria que deben **consumir** alimento, o comer, para obtener energía.

Comer carne

Los **carnívoros**, o animales que comen carne, forman el tercer nivel de una cadena alimentaria. También se les llama **consumidores secundarios**. Son el segundo grupo de seres vivos de una cadena alimentaria que deben comer para obtener energía. Los consumidores secundarios reciben sólo una pequeña cantidad de la energía del sol a través de su alimento.

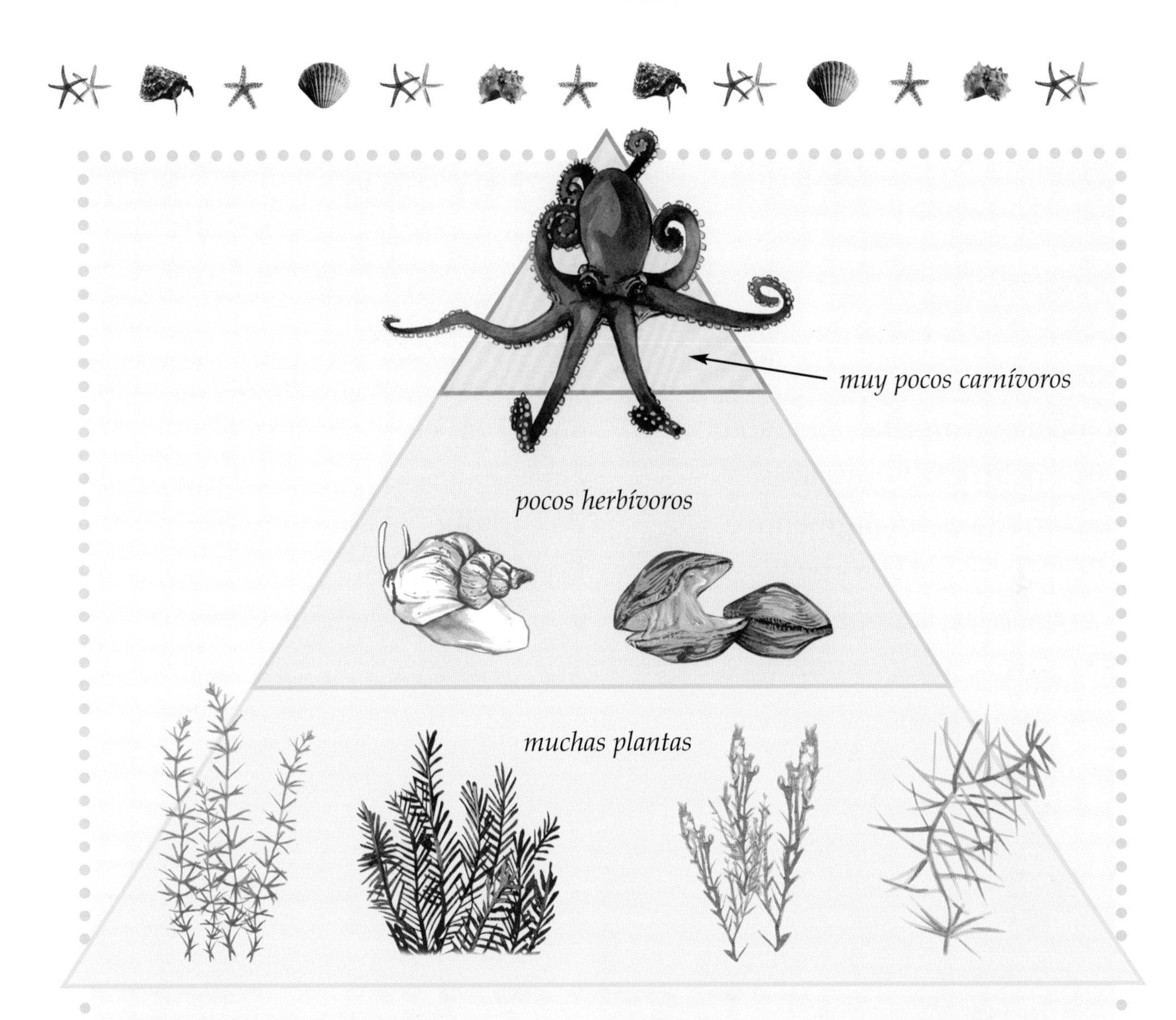

La pirámide energética

La **pirámide energética** muestra cómo se mueve la energía en una cadena alimentaria. La pirámide es ancha en la base y estrecha en la punta. Es ancha en la base para mostrar que hay muchas plantas. Se necesitan muchas plantas para producir energía suficiente para los animales de la pirámide. El siguiente nivel es más estrecho porque hay menos herbívoros que plantas. Hay menos herbívoros porque cada uno debe comer muchas plantas para obtener la energía que necesita. El nivel superior de la pirámide es el más estrecho porque en una cadena alimentaria hay menos carnívoros que herbívoros. Cada carnívoro debe comer muchos herbívoros para obtener la energía que necesita.

Alimento del sol

El proceso de producir alimento usando la luz del sol se llama **fotosíntesis**. Las plantas contienen **clorofila**, que ayuda a que ocurra la fotosíntesis. La clorofila es un **pigmento** o color verde que absorbe la energía solar. Para producir alimento, la clorofila combina la energía del sol con agua, nutrientes y un gas que se encuentra en el aire y en el agua. El gas se llama **dióxido de carbono**. El alimento que las plantas producen es un tipo de azúcar llamado **glucosa**.

Aire para respirar

El dióxido de carbono en grandes cantidades es malo para los animales. Las plantas acuáticas toman dióxido de carbono del agua durante la fotosíntesis. Al producir alimento, las plantas lo convierten en otro gas llamado **oxígeno** y lo liberan al agua. Los animales deben respirar oxígeno para sobrevivir. En la Tierra, las algas producen la mayor parte del oxígeno que respiran los animales y las personas.

El sol brilla sobre las algas y las plantas acuáticas, las cuales absorben su energía.

Las algas y las plantas acuáticas toman dióxido de carbono del agua.

Al producir su alimento, las algas y las plantas acuáticas liberan oxígeno al agua.

Lleno de sol

Las personas ponen las plantas para interiores cerca de las ventanas porque crecen bien en lugares cálidos y soleados. Las costas son como las ventanas de los océanos. El agua de las costas es poco profunda, así que la luz solar llega fácilmente a las plantas que crecen en el fondo del océano. El sol también calienta el agua poco profunda, por lo que esta agua es más cálida que en las partes más profundas del océano.

¡No sólo verde!

La clorofila hace que la mayoría de las plantas sean verdes, pero no todas las algas son verdes. Hay cientos de tipos distintos de algas pardas y rojas. Estas algas tienen clorofila, pero también otros pigmentos que les dan el color pardusco o rojizo.

El kelp, que está a la derecha, es un tipo de alga. Contiene un pigmento marrón que ayuda a la fotosíntesis en el agua profunda, donde hay poco sol.

Plantas y algas

Algunas algas son grandes. Las algas grandes o laminarias parecen plantas, pero en realidad no lo son. Estas algas gigantes también se llaman kelp.

Las hierbas marinas crecen en las costas de todo el mundo. Hay muchas **especies**, o tipos, de hierbas, pero miles de especies de algas. ¡Algunas son tan pequeñas que sólo se pueden ver con un microscopio!

Productores diminutos

El **fitoplancton** está formado por las algas más pequeñas. ¡Puede haber miles de estas algas en una sola gota de agua! El fitoplancton flota sobre la superficie del océano, donde hay abundante luz del sol para la fotosíntesis. En la superficie del océano viven miles de millones de estas algas. La mayoría de las cadenas alimentarias de un océano comienzan con el fitoplancton.

Todo sobre las algas

Las algas no son plantas verdaderas, pero son similares a ellas. Tanto las plantas como las algas usan la fotosíntesis para producir alimento, y ambas son comidas por los herbívoros. Sin embargo, las plantas verdaderas tienen raíces que las sostienen en su lugar y que sirven para absorber nutrientes. Las algas no tienen raíces. Muchos tipos de algas están **ancladas**, o sostenidas en un punto, por **hapterios**. Los hapterios no pueden absorber nutrientes como las raíces. Las plantas verdaderas también tienen hojas. Las algas marinas tienen partes parecidas a hojas que se llaman **frondas**. Al igual que las hojas, las frondas absorben luz del sol para la fotosíntesis.

Algunos tipos de algas no tienen hapterios. Simplemente flotan cerca de la superficie del agua.

El kelp es un gigante del mundo de las algas. ¡Puede crecer hasta 30 pies (9 m) de longitud!

El fucus y otras algas laminarias tienen ***vejigas de aire*** *en las frondas. Esto permite que las frondas floten para estar más cerca de la luz del sol.*

Algunas algas tienen partes similares a tallos llamadas ***estipes****.*

Algunas algas crecen como manchas en las rocas.

Herbívoros de la costa marina

En las costas marinas se pueden encontrar muchos tipos de herbívoros. Los más pequeños forman el **zooplancton**. El zooplancton está formado por animales diminutos que sólo se pueden ver con un microscopio.

El zooplancton se alimenta del fitoplancton. Entre los herbívoros más grandes se encuentran las tortugas verdes marinas, los caracoles de mar, peces pequeños y los erizos de mar. Estos herbívoros comen fitoplancton y otros tipos de algas más grandes.

Las tortugas verdes marinas son herbívoros. Se alimentan de las hierbas marinas que crecen en las aguas poco profundas de las costas.

¡No te acerques!

Los herbívoros de la costa marina tienen muchas maneras de protegerse de otros animales. Algunos se ocultan de sus enemigos. Otros tienen colores brillantes que advierten a los carnívoros que saben mal o que contienen veneno. Muchos herbívoros tienen caparazones duros alrededor del cuerpo que hacen que sea difícil comerlos.

El erizo de mar tiene espinas que lo protegen de la mayoría de los carnívoros. ¡No es fácil para los carnívoros comer animales con espinas puntiagudas!

Los Nudibranchia son babosas marinas. Sus vivos colores advierten a los carnívoros que tienen veneno en el cuerpo. Muy pocos carnívoros se alimentan de estos animales.

Carnívoros en la costa

Las costas rocosas son el hogar de muchos **depredadores**. Un depredador es un animal que caza y come otros animales, llamados presa. Los depredadores son consumidores secundarios cuando cazan y comen herbívoros. Ciertos peces, langostas y pulpos son consumidores secundarios. Cuando los depredadores cazan y comen otros carnívoros, se les llama **consumidores terciarios**. "Terciario" significa "tercero". Los consumidores terciarios son el tercer grupo de animales de una cadena alimentaria que deben comer para obtener energía. Algunas aves y peces grandes son consumidores terciarios.

Un pulpo gigante es un consumidor terciario cuando come otro carnívoro. Este pulpo gigante se está comiendo un tiburón joven, que también es un carnívoro.

Bajo control

Los depredadores son un eslabón muy importante en las cadenas alimentarias de la costa marina. Ayudan a evitar que la población de animales presa crezca demasiado. Si en una costa vivieran demasiados herbívoros, se comerían todas las algas y plantas de la zona. Los leones marinos, por ejemplo, comen peces, calamares y pulpos. Ayudan a evitar que la población de herbívoros crezca demasiado.

Cazadores útiles

Los depredadores también ayudan a mantener saludables a las cadenas alimentarias. Suelen cazar animales jóvenes, enfermos o heridos. Los depredadores cazan estos animales porque son débiles y, por ello, más fáciles de atrapar y matar. Al eliminar los animales débiles de una cadena alimentaria, los animales fuertes y sanos tienen más alimento.

(arriba) Los leones marinos hacen que las cadenas alimentarias sean más saludables, al comer animales enfermos o heridos.

Muchas formas de cazar

Este pequeño caracol se alimenta de percebes y mejillones. Su áspera lengua puede perforar las conchas.

Los depredadores de la costa marina cazan de distintas formas. Algunos se acercan a hurtadillas a la presa. Otros se esconden y luego la sorprenden. Otros la matan con su fuerza o su veneno. ¡Muchos depredadores simplemente cazan animales que no pueden escapar nadando!

Brazos fuertes

Los fuertes brazos de las estrellas de mar están cubiertos por cientos de pequeñas patas que son como ventosas. La estrella de mar los usa para sujetar y abrir las conchas de las vieiras. Las vieiras son muy fuertes, así que la estrella de mar sólo puede abrir la concha un poquito. Luego saca su estómago y lo mete por la pequeña abertura. ¡Se come a la vieira directamente dentro de su concha!

¡Eso pica!

La anémona de mar está fija en un lugar, así que no puede perseguir a su presa. ¡Espera a que la presa venga a ella! Las anémonas tienen **tentáculos** que pican a los camarones y peces que nadan demasiado cerca. Los tentáculos aturden a la presa. Entonces, la anémona se la lleva a la boca.

¡Qué pico!

Muchas aves marinas tienen picos con formas especiales para atrapar y comer su presa favorita. El pico largo y delgado de esta ave es perfecto para abrir la concha de un animal.

Bien escondido

El lenguado tiene cuerpo chato y los dos ojos están en el mismo lado de la cabeza. Este pez se acuesta en el fondo del océano y espera a que su presa pase nadando. Luego salta y la sorprende con una mordida rápida y mortal. ¡El lenguado está tan bien escondido en la arena que a menudo los depredadores no lo ven!

Comer de todo

Muchos animales de la costa marina son **omnívoros**, o animales que comen tanto plantas como otros animales. La mayoría de los omnívoros de la costa son animales **filtradores**. Estos animales chupan agua y filtran el fitoplancton, el zooplancton y otros trozos de alimento. Los omnívoros también son **oportunistas**. Los oportunistas son animales que comen cualquier alimento que haya disponible.

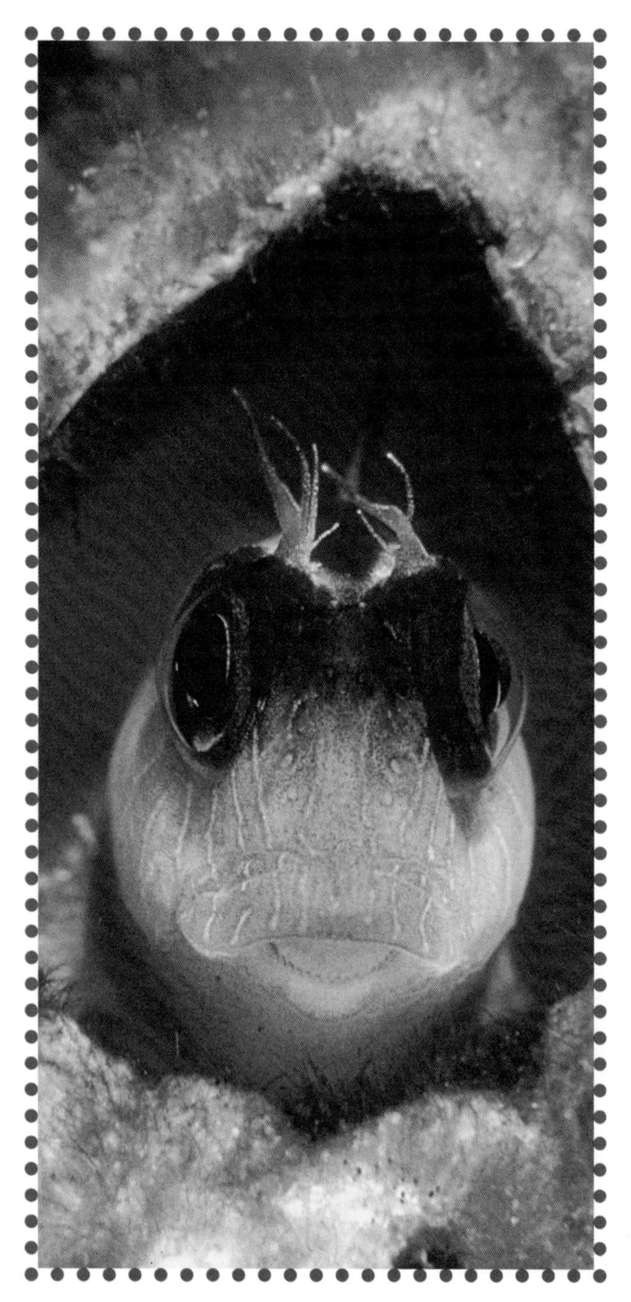

La mayoría de los blenios son omnívoros. Comen algas y herbívoros pequeños.

Los mapaches son omnívoros que a veces viajan hasta las costas para encontrar alimento, como huevos de tortuga, cangrejos marinos y cigalas.

Cena filtrada

Algunos filtradores, como los percebes, las ascidias, las esponjas y los gusanos plumeros, no se pueden mover. Están sujetos al fondo del mar o a piedras. Para alimentarse, sacan sus patas o tentáculos y atrapan el alimento que pasa flotando. Otros filtradores comen de distinta manera. Las almejas, las ostras y los mejillones chupan agua, filtran el alimento y luego expulsan el agua.

Los abanicos de mar abren sus tentáculos parecidos a plumas para filtrar el alimento. Si hay depredadores cerca, meten los tentáculos dentro de sus tubos rígidos.

Los percebes tienen patas cubiertas por diminutos pelos llamados ***cirros****. Los percebes barren el agua con las patas y los cirros atrapan el alimento.*

Los pepinos de mar tienen anillos de tentáculos alrededor de la boca. Los usan para filtrar el alimento del agua o para cernir pequeños pedazos de alimento del fondo del mar.

Cuadrillas de limpieza

Muchos animales limpian los restos de alimento que quedan en la costa. Los **carroñeros** comen carne, pero no cazan. Comen la carne que los depredadores dejan. También se alimentan de los animales muertos que encuentran. Ciertos tipos de cangrejos, camarones y caracoles son carroñeros. Algunas aves, como las gaviotas, también son carroñeras. Cuando los animales se alimentan en el agua, diminutos trozos de algas, plantas y partes de animales a menudo se van flotando. Esta materia muerta se llama **detrito**. Aunque está muerta, contiene nutrientes y energía. Muchos filtradores comen detrito, además de zooplancton y fitoplancton.

gaviota

Maestros recicladores

Los cangrejos ermitaños son excelentes carroñeros. ¡Hasta encuentran la forma de usar lo que no pueden comer! Estos cangrejos tienen cuerpo blando, pero no tienen caparazón. Buscan conchas de caracoles muertos y las usan como "armadura". Cuando este caparazón prestado les queda chico, lo abandonan y buscan una concha más grande que puedan usar.

Descomposición

Los **descomponedores** son seres vivos que descomponen el detrito que los filtradores y los carroñeros no se comen. La mayoría de los descomponedores del océano son seres vivos diminutos, llamados **bacterias**. Se pueden ver sólo con un microscopio.

Ciclo completo

Los descomponedores son importantes. Sin ellos, mucha energía y nutrientes se perderían. Cuando los descomponedores descomponen la materia muerta, los nutrientes sobrantes se liberan al agua. Las plantas del océano los usan para producir el alimento que necesitan para sobrevivir. Si las plantas no pudieran producir alimento, tanto ellas como muchos animales herbívoros morirían al poco tiempo.

Una cadena alimentaria del detrito

Cuando los seres vivos, como esta anguila, mueren, se convierten en materia muerta. Los carroñeros comen la materia muerta, pero quedan pedazos de detrito.

Cuando los descomponedores, como estas bacterias, se alimentan del detrito, obtienen parte de la energía que estaba atrapada en él. Sus cuerpos devuelven al agua parte de los nutrientes.

Las plantas del océano toman nutrientes del agua. Los usan para crecer y producir alimento.

Nota: Las flechas apuntan a los seres vivos que reciben la energía.

Cadenas alimentarias

La mayoría de los animales comen más de un tipo de planta o animal. Como resultado, la mayoría de las plantas y animales pertenecen a más de una red alimentaria. Cuando una planta o animal forma parte de dos o más cadenas alimentarias, esas cadenas se unen. Las cadenas unidas forman una **red alimentaria**. Todos los seres vivos de una red alimentaria están relacionados. Si algo, como la **contaminación**, afecta a una parte de la red, también afectará a las otras partes.

Las langostas son eslabones de muchas cadenas alimentarias de la costa marina. Comen caracoles, fitoplancton, zooplancton, camarones y algas. Las langostas sirven de alimento a peces, aves, nutrias de mar y personas.

Una red alimentaria de la costa marina

En este diagrama se muestra cómo los seres vivos forman una red alimentaria de la costa marina cuando comen más de un tipo de alimento. Las flechas muestran cómo pasa la energía desde un ser vivo a otro de la red.

Peligros para las costas marinas

Las costas marinas de todo el mundo están en riesgo debido a la contaminación. La contaminación viaja fácilmente por el agua, así que se puede extender por los océanos de una parte del mundo a otra. Un tipo de contaminación son los **derrames de petróleo**. Se producen cuando el petróleo escapa de los buques o tuberías que lo transportan. El petróleo entra en el agua, baña las costas y envenena a las aves, caracoles, **mariscos** y otros animales. Cerca de la costa, el petróleo también puede matar a los peces.

Muerte negra

Después de un derrame, pasarán muchos años antes de que las plantas y los animales de una zona estén saludables nuevamente. El petróleo también destruye la cubierta impermeable del pelaje o plumaje de los animales acuáticos. Sin esta cubierta, los animales no pueden conservar el calor en el agua y mueren. El cormorán que está a la izquierda murió después de quedar cubierto de petróleo por un derrame.

Agua contaminada

La contaminación es peor cerca de las costas que en la profundidad del océano. Los productos químicos de las fábricas suelen llegar a los ríos, que los llevan a las costas. Cuando un animal come una planta o animal envenenado, también se envenena. De esta manera, los productos químicos se diseminan por muchas cadenas alimentarias de la costa marina.

¡Demasiadas algas!

Los **pesticidas** y **fertilizantes** también terminan en costas. Causan el florecimiento de las algas. Los **florecimientos de algas** son zonas de algas que crecen descontroladamente. Cuando mueren, extraen la mayor parte del oxígeno del agua que las rodea. Sin oxígeno, los animales que viven en el agua no pueden respirar. La extensa zona de algas rojas que se muestra a la derecha es demasiado grande para que se la coman los herbívoros. Cuando las algas rojas mueran, muchos animales también morirán.

Salvemos las costas

Muchas personas trabajan arduamente para salvar las costas. Los gobiernos protegen las zonas costeras convirtiéndolas en parques nacionales. Los **parques nacionales** están vigilados para evitar la contaminación, la **sobrepesca** y otras amenazas. Los grupos ambientales también trabajan para proteger las costas. Convencen a los gobiernos de que aprueben leyes más estrictas contra la contaminación y la sobrepesca. Estos grupos también educan a las personas sobre los peligros para las costas marinas.

Mirar, aprender e irse

Una manera importante de ayudar a las costas marinas es aprender más sobre ellas y comunicárselo a los demás. Puedes leer libros, visitar sitios de Internet y ver videos sobre costas. La mejor manera de aprender más es visitar una costa marina. Durante tu visita, sigue estas reglas para ayudar a proteger la costa:

- Mira a los animales, pero no los toques. Sólo obsérvalos para ver cómo se comportan y qué hacen cuando cambia la marea.
- Mira por donde vas. ¡Algo que parece una piedra podría ser un animal!
- Cuando te vayas, llévate la basura.

Glosario

Nota: Es posible que las palabras en negrita que están definidas en el texto no aparezcan en el glosario.

contaminación Basura y productos químicos que las personas tiran en la tierra y en el agua

descomponedores Seres vivos que comen detrito

detrito Materia muerta que se descompone

fertilizante Sustancias que se agregan al suelo para ayudar a las plantas a crecer

hapterios Partes de las algas que las sujetan a las piedras o al fondo del mar

mariscos Animales acuáticos que viven dentro de conchas

nutrientes Sustancias de los alimentos que ayudan a los seres vivos a crecer y a estar sanos

pesticida Producto químico que sirve para matar insectos

pigmento Color natural que se encuentra en las plantas o animales

población Número total de individuos de un tipo de animal que vive en cierta zona

productores primarios Los primeros seres vivos de una cadena alimentaria que pueden producir su propio alimento

sobrepesca Tomar demasiados animales de un mismo tipo de un área del océano

templado Palabra que describe un lugar donde el verano es cálido y el invierno es frío

tentáculo Parte larga y flexible del cuerpo de un animal que sirve para agarrar el alimento

Índice

algas 10, 12, 13, 14, 15, 16, 19, 22, 24, 26, 27, 29
algas marinas 10, 14, 15
alimento 5, 8, 9, 10, 12, 15, 19, 22, 23, 25, 27
aves 5, 21, 24, 26, 28
carnívoros 10, 11, 17, 18
carroñeros 24, 25
charcos de marea 6, 7
contaminación 26, 28, 29, 30
depredadores 18, 19, 20, 21, 23, 24
descomponedores 25
detrito 24-25
dióxido de carbono 12
energía 8, 9, 10, 11, 12, 18, 24, 25, 27
filtradores 22, 23, 24, 25
fitoplancton 14, 16, 22, 24, 26
fotosíntesis 12, 13, 14, 15
herbívoros 10, 11, 15, 16-17, 18, 19, 22, 29
hierbas marinas 10, 14, 16
mareas 6-7, 31
luz solar 8, 9, 10, 12, 13, 14, 15
nutrientes 8, 9, 12, 15, 24, 25
omnívoros 22
oxígeno 12, 29
plantas 4, 5, 6, 7, 8, 9, 10, 11, 12, 13, 14, 15, 19, 22, 24, 25, 26, 28, 29
presa 18, 19, 20, 21
peces 8, 16, 18, 19, 21, 26, 28
redes alimentarias 26-27
zooplancton 16, 22, 24, 26

1 2 3 4 5 6 7 8 9 0 Impreso en Canadá 5 4 3 2 1 0 9 8 7 6